TRAITÉ ÉLÉMENTAIRE

DE MUSIQUE

IMPRIMERIE D'E. DUVERGER,

Rue de Verneuil, n° 4.

TRAITÉ ÉLÉMENTAIRE
DE MUSIQUE

COMPRENANT

Les Principes de la Musique, de la Mélodie et de l'Harmonie

A L'USAGE DES ÉCOLES

PAR B. LUNEL
Professeur de Musique
MEMBRE DE L'ASSOCIATION DES ARTISTES MUSICIENS,
DE L'ATHÉNÉE DES ARTS ET DE LA SOCIÉTÉ GRAMMATICALE
ET LITTÉRAIRE DE PARIS.

PARIS

HÉDOUIN,
rue des Francs-Bourgeois, 16,
(Marais).

POTIER,
Rue des Grès-Sorbonne, 10
près le Panthéon.

A. MAUGARS,
Rue Sainte-Croix-de-la-Bretonnerie, 32.

LETEINTURIER,
Rue Baillif, 10 et 12, derrière
la Banque.

Chez l'Auteur, rue des Juifs, 24, au Marais.

1846

PRÉFACE.

En offrant aux élèves ce traité élémentaire de musique, notre but a été de leur donner des connaissances générales et suffisantes de tout ce qui concourt à l'ensemble de l'art musical. Loin de nous tout système nouveau, toute méthode improvisée. Nos vues plus larges, plus hardies peut-être, nous ont fait concevoir le projet de généraliser l'étude d'un art si beau, si grand, mais encore bien incompris, quoique apprécié.

Dans toute science, il est des faits principaux qui servent de points de départ et d'appui. Nous avons recherché ces faits, nous les avons placés en évidence, et posés de manière à être facilement saisis, nous espérons qu'ils assureront les progrès des élèves sans provoquer leur lassitude.

Professeur de musique, nous avons confié notre manuscrit à des hommes qui nous ont appris, ou du moins ont cru nous apprendre, que notre livre était *bien élémentaire*. D'accord. Nous répondrons que ce livre est suffisant pour les personnes auxquelles il est destiné, et nous ne croirons point avoir dérogé à notre qualité de professeur pour l'avoir rédigé ainsi. Il est vrai que nous avons considéré notre lecteur comme ne possédant encore aucune notion en musique; voilà notre tort envers nos critiques. Cependant, celui même qui aura déjà fait quelques études dans l'art musical trouvera, nous l'espérons, quelque intérêt dans notre ouvrage, et le regardera comme le résultat d'un travail consciencieux, fait pour l'aider à marcher d'un pas plus rapide vers son perfectionnement. D'ailleurs la rédaction de ce livre est assez piquante pour exciter la curiosité et répandre le goût d'un art qui procure les plus pures et les plus salutaires jouissances. Nous osons croire que ce sera là notre excuse auprès de nos critiques.

Avant de terminer cet avertissement, nous devons remercier M. Fournier, de Bapaume, professeur de musique, qui nous a été très utile pour la rédaction de notre ouvrage, ainsi que MM. Damour, Burnett et Elwart.

TRAITÉ ÉLÉMENTAIRE

DE MUSIQUE

CHAPITRE Ier.

Du Son ; division de la Musique ; des Voix.

1. La *musique* est l'art de combiner les sons d'une manière agréable à l'oreille.

2. Cet art est aussi ancien que le monde, si l'on entend par musique l'émission d'un ou de plusieurs *sons* sans règle, car le chant semble aussi naturel à l'homme que la parole ; on le retrouve plus ou moins perfectionné chez tous les peuples, même les moins civilisés. Mais quelques airs échappés à une tête bien organisée ne constituent pas la musique ; on a chanté bien longtemps avant de réfléchir aux rapports des sons entre eux, de même qu'on a longtemps parlé avant d'imaginer les grammaires et les rhétoriques. Il y a tout lieu de croire que c'est en Égypte que l'on commença à faire une science de la musique. Dans tous les cas, cette science était peu

avancée et se réduisait à l'étude de quelques hymnes, à des chants nationaux qui se propageaient de père en fils sans qu'on eût besoin de les noter.

Après avoir été perdue, pour ainsi dire, dans les temps de barbarie, la musique reçut dans ses caractères une amélioration considérable par l'invention des notes au XIe siècle.

Lorsqu'on considère l'éloge pompeux que les anciens font de la musique et avec quel soin ils la recommandent, on doit se souvenir que par ce mot ils comprenaient, outre la musique proprement dite, la *poésie*, la *danse*, les *gestes* et plusieurs autres sciences.

3. On appelle *son musical* la sensation qui se produit à l'oreille lorsque la voix chante, ou quand un instrument résonne.

4. On divise la musique en *vocale,* ou chant, et en *instrumentale.*

5. La musique vocale est bien préférable à la musique instrumentale, car, à quelque degré de perfectionnement que les instruments aient été portés, aucun d'eux ne peut rivaliser avec la voix humaine. Cette inimitable faculté accordée à l'homme est un bienfait du Créateur qui le compare aux esprits célestes, afin qu'il puisse, comme eux, chanter ses louanges.

6. Lorsque plusieurs personnes chantent ensemble le même air, une différence entre les voix se fait bientôt apercevoir; de là quatre espèces principales de voix, savoir :

Premier dessus,	voix élevée de femme;
Contralto ou *haute contre*,	voix basse de femme;
Ténor,	voix aiguë de l'homme;
Basse,	voix grave de l'homme.

7. Les limites de ces quatre espèces de voix ne sont pas strictement tracées. Il arrive quelquefois que le ténor peut descendre dans le domaine de la voix basse, et réciproquement.

8. D'après cela on distingue deux voix intermédiaires : l'une appelée *mezzo-soprano* ou second dessus (voix particulière aux femmes), l'autre appelée *bariton* ou *basse-taille* (particulière aux hommes).

CHAPITRE II.

Du Ton.

9. On appelle *ton* les divers degrés d'élévation ou d'abaissement de la voix ou de quelque autre son.

10. Il y a sept tons principaux dans la musique. Ces sept tons constituent (en y ajoutant le *do* comme répétition de la première note), la gamme ; savoir :

Do, ré, mi, fa, sol, la, si, do.

11. Les anciens notaient leur chant avec des lettres diversement combinées et placées au-dessus des paroles, rangées sur deux lignes dont la supérieure était pour le chant et l'inférieure pour l'accompagnement.

12. L'invention des syllabes *ut*, *ré*, *mi*, *fa*, *sol*, *la*, *si*, est généralement attribuée à *Gui d'Arezzo*, moine italien (en 1026), qui les prit du commencement de chaque vers de l'hymne à saint Jean-Baptiste :

> UT *queant laxis*
> RE*sonare fibris*
> MI*ra gestorum*
> FA*muli tuorum*,
> SOL*ve polluti*
> LA*bii reatum*,
> *Sancte Joannes.*

13. Le *si* fut ajouté cinq siècles plus tard par *Jean Lemaire*. Vers la même époque le *do* fut substitué à l'*ut* comme plus commode pour la prononciation.

14. Dans les sept tons de la gamme, la distance d'un ton à un autre n'est pas partout égale. Du *mi* au *fa* et du *si* au *do* la distance est plus petite. On peut s'en faire l'idée par le tableau suivant.

EXEMPLE :

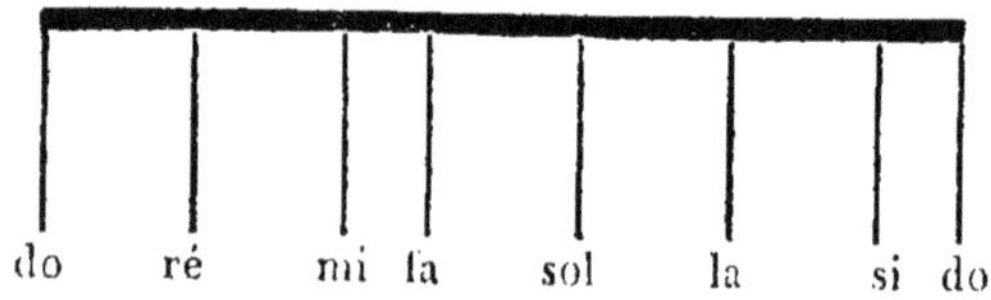

15. Cette distance plus petite qui existe entre *mi* et *fa*, *si* et *do* s'appelle *demi-ton*.

Du reste il est possible d'établir un demi-ton

entre *do* et *ré*, entre *ré* et *mi*, entre *mi* et *fa*, etc., de cette manière :

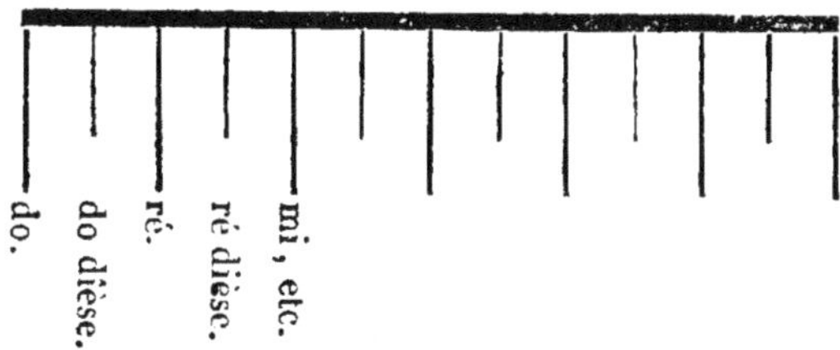

On voit que dans ce cas le demi-ton établi entre *do* et *ré* prend le nom de *do dièse*, celui établi entre *ré* et *mi*, de *ré dièse*. (Voir nº 55.)

CHAPITRE III.

De la Notation.

16. La *notation* est la réunion de tous les signes de musique. Celle employée aujourd'hui est la plus simple malgré son apparente complication.

17. La musique s'écrit sur cinq lignes dont la réunion s'appelle *portée*.

EXEMPLE :

18. Les signes de la notation sont de deux espèces : les uns de *durée*, les autres d'*intonation*.

19. Les signes dont on se sert pour exprimer la durée des sons musicaux sont :

La ronde
La blanche
La noire
La croche
La double-croche
La triple-croche
La quadruple-croche

20. Dans la musique, il y a des moments où la voix cesse de chanter sans pour cela que le morceau soit terminé ; ces moments d'arrêt se marquent par des *silences*. Il y a autant de sortes de silences qu'il y a de figures de notes pour exprimer la durée des sons, savoir : .

La *pause* . . . . qui égale la durée de la *ronde*.
La *demi-pause* . . . . égale la *blanche*.
Le *soupir* . . . . égale la *noire*.
Le *demi-soupir* . . . . égale la *croche*.
Le *quart de soupir* . . . . égale la *double-croche*.
Le 8e *de soupir*. . . . . égale la *triple-croche*.
Le 16e *de soupir* . . . . égale la *quadruple-croche*.

21. Les signes d'intonation sont de deux sortes, les *clefs* et les *notes*.

On appelle *clef*, le signe ou caractère qui se met au commencement d'une portée, pour indiquer le degré d'élévation ou de gravité des notes qui y sont placées, et le genre de voix ou d'instruments auxquels ces voix appartiennent.

22. Il y a trois clefs dans la musique : la clef de *sol* 𝄞, la clef d'*ut* 𝄡, et la clef de *fa* 𝄢.

23. La *clef de sol* est celle dont l'anneau du milieu, entourant la deuxième ligne, donne le nom de *sol* à toutes les notes traversées par elle.

EXEMPLE :

sol sol sol sol

24. La *clef d'ut* est celle qui indique que toutes les notes traversées par la ligne qui passe entre les deux *doubles barres* s'appelle *ut*.

ut ut ut

25. La clef d'*ut* peut prendre quatre positions différentes et se placer sur la première, la deuxième, la troisième et la quatrième ligne. Les notes prennent donc des noms différents sur chacune de ces clefs (*voy.* 27).

26. La *clef de fa* est celle qui indique que toutes les notes dont la tête est traversée par la ligne qui

passe entre les deux points de la clef, se nomme *fa*.

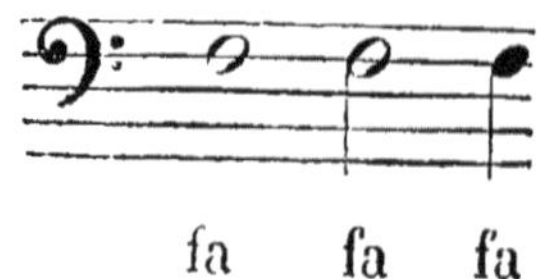

27. Voici, du reste, un tableau résumant toutes les clefs. La même note *ut*, écrite d'après ces différentes clefs serait ainsi placée :

Ces sept notes indiquent tout-à-fait le même son; mais qu'on ne s'effraie pas de ce nombre de clefs : savoir qu'elles existent est tout ce qu'il faut, et la connaissance d'une seule (la clef de *sol*), ou au plus de deux (clef de *sol* et de *fa*), est suffisante pour la plupart des exercices musicaux.

28. Le deuxième signe de notation constitue les notes, au nombre de sept.

Les notes sur la clef de sol sont :

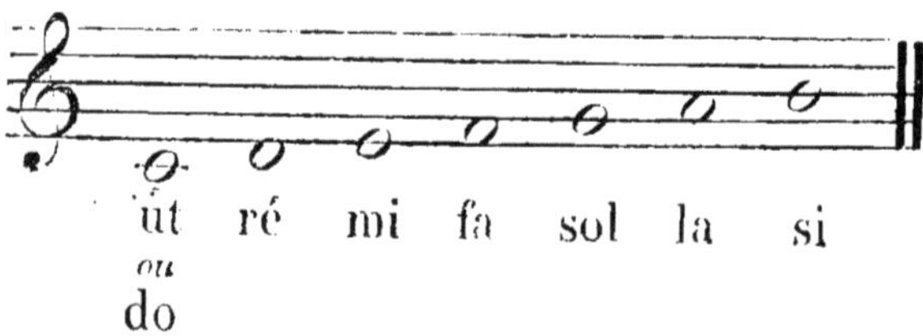

29. La voix, et surtout les instruments, dépassent souvent de beaucoup l'étendue des cinq lignes; aussi est-on forcé, pour obtenir de nouvelles notes,

d'ajouter des fragments de lignes soit au-dessus, soit au-dessous de la portée.

EXEMPLE :

On conçoit aisément que si toutes les lignes dont nous avons les fragments devant nous, avaient été tracées dans toute leur longueur, l'œil le plus exercé n'aurait pu parvenir à distinguer une seule note sans un travail pénible.

CHAPITRE IV.

De la Mesure.

30. La *mesure* est la division de la durée des sons en parties égales. Chaque mesure est indiquée par une barre perpendiculaire tracée sur la portée.

EXEMPLE :

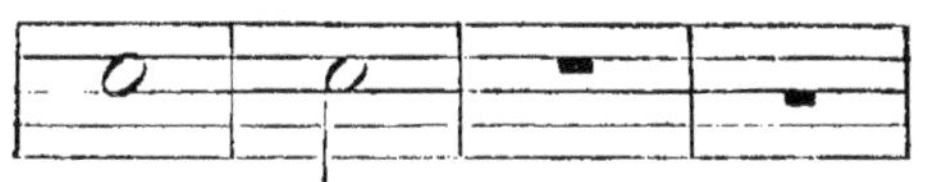

31. *Battre la mesure*, c'est faire des mouvements égaux de la main ou du pied ; ces mouvements constituant une fraction de la mesure, s'appellent *temps*.

32. Les notes indiquent les temps par leur forme : ainsi, la ronde 𝅝 en vaut quatre, la blanche 𝅗𝅥 deux, la noire 𝅘𝅥 un, la croche 𝅘𝅥𝅮 un demi, la double-croche 𝅘𝅥𝅯 un quart, la triple 𝅘𝅥𝅰 un huitième, et la quadruple 𝅘𝅥𝅱 un seizième.

33. Il résulte de là que la ronde vaut deux blanches, ou quatre noires, ou huit croches, ou seize doubles-croches, ou trente-deux triples-croches, ou soixante-quatre quadruples-croches.

Le tableau suivant résume la valeur des notes (1).

NOTA. M. Gossart, membre de plusieurs sociétés savantes, est l'auteur d'une nouvelle Notation musicale, qui a pour but la suppression des dièses, des bémols, des bécarres et des clefs. Ce travail, qui a excité au plus haut degré l'intérêt des sociétés scientifiques et littéraires, mérite aussi de fixer l'attention des artistes musiciens et même de tout le corps enseignant ; voir notre rapport fait à la Société grammaticale et littéraire (séance du 25 juin 1846) et les procès-verbaux de l'Athénée des Arts (séances des 22 et 27 juin 1846, etc).

(1) Il est à remarquer que les noms de double, de triple et de quadruple-croche expriment précisément le contraire de l'idée qu'on y attache; car loin de doubler, de tripler, etc., la valeur de la croche, ces expressions : double, triple, etc., n'en indiquent que des fractions. Aussi dirait-on, contre l'usage, mais avec plus de raison, demi-croche, quart de croche, etc.

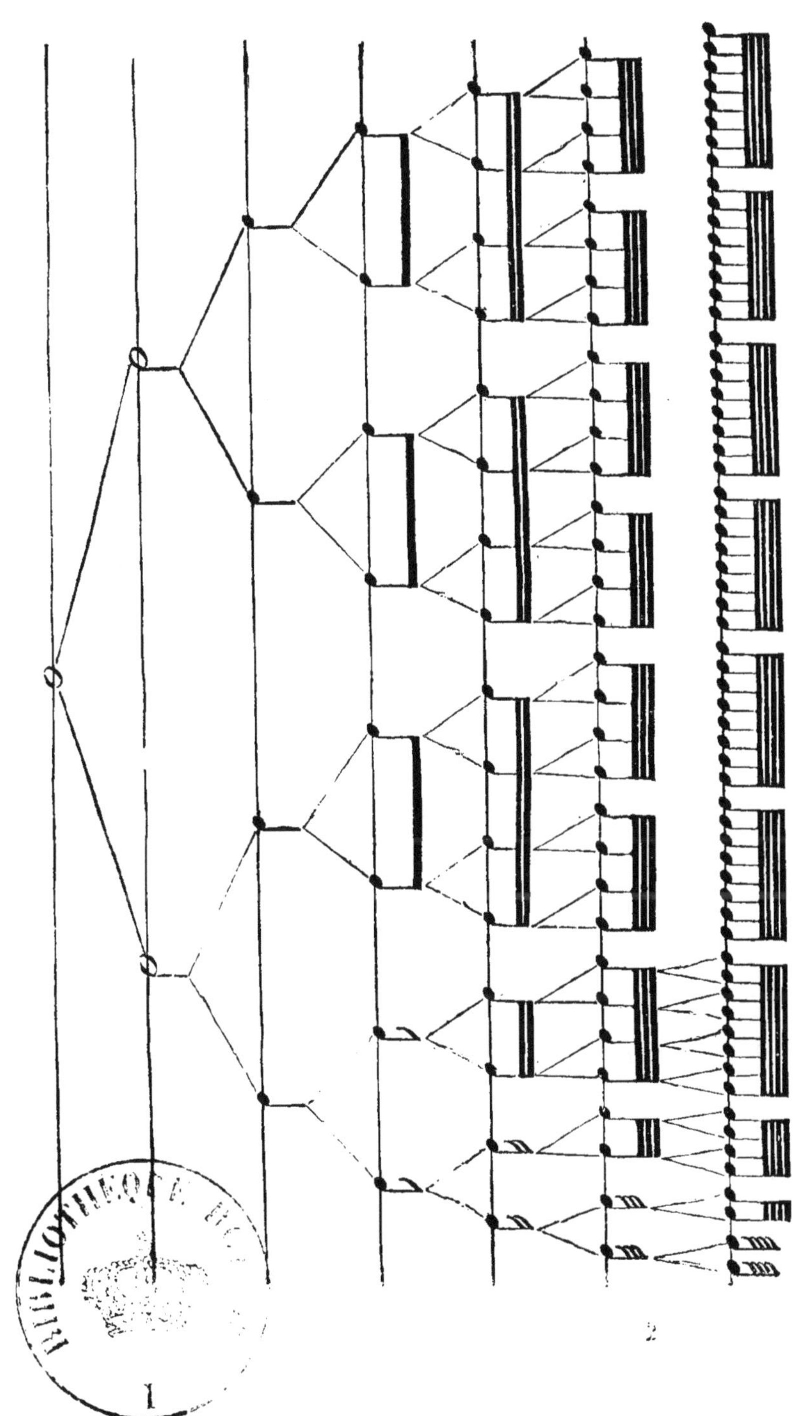

Le lecteur doit se rappeler que *ronde* signifie *unité*; *blanche*, moitié de l'unité; *noire*, quart de l'unité, etc. C'est ainsi que le musicien parvient à donner aux notes une division exacte, sans laquelle toute musique est impossible.

34. Il y a deux principales mesures, la mesure *à deux* ou *à quatre temps*, et celle *à trois*.

La mesure à quatre temps se marque par un C.

EXEMPLE :

35. La mesure à quatre temps se bat ainsi :

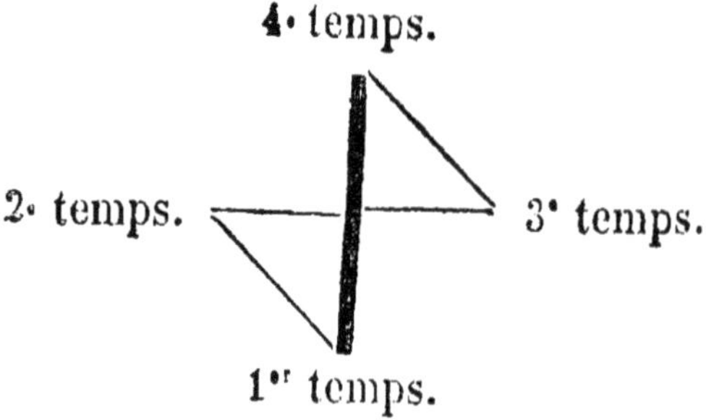

36. La mesure à deux temps se marque par un 2 ou par un ₵.

EXEMPLE :

La mesure à deux temps se bat ainsi :

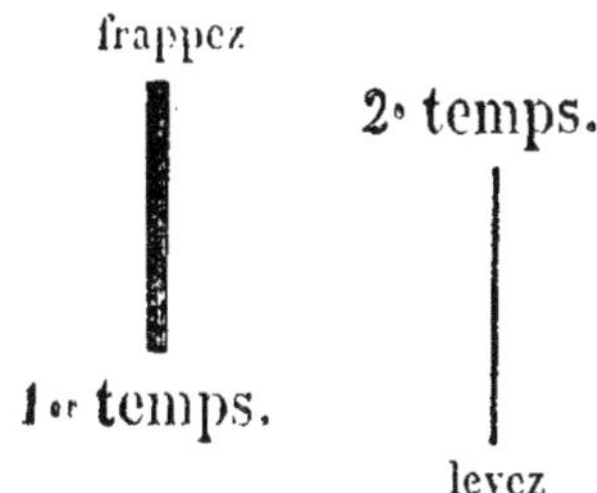

37. La mesure à trois temps se marque par un trois.

Et se bat ainsi :

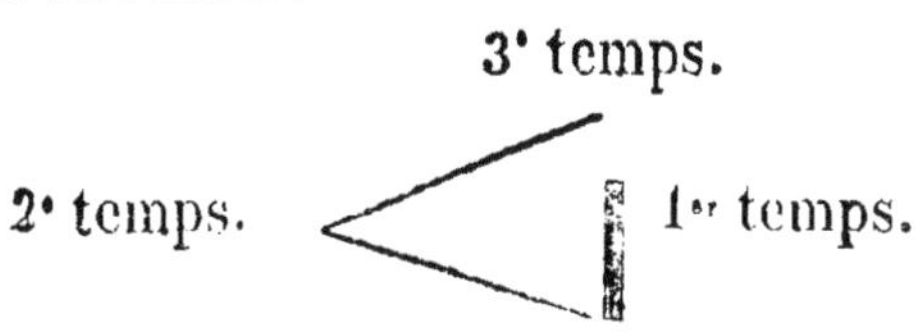

38. Les autres mesures les plus usitées sont le $\frac{2}{4}$, le $\frac{6}{8}$, le $\frac{3}{4}$ et le $\frac{3}{8}$, qui s'indiquent par ces chiffres mêmes. Ces mesures ne sont que les fractions des précédentes ; pour les comprendre, il faut concevoir la ronde divisée en autant de parties égales qu'il y a d'unités au chiffre inférieur, et pour la mesure, prendre autant de ces parties qu'il y a d'unités au chiffre supérieur. Par exemple, la mesure à $\frac{2}{4}$ indique que la ronde a été divisée en quatre parties, et que l'on prend deux de ces parties. Voici un tableau qui éclaircira cette donnée :

Nota. Lorsque les deux nombres qui indiquent par leurs chiffres le genre de mesure d'un morceau sont pairs, la mesure se bat à deux temps ; si l'un des deux nombres est impair, la mesure se bat à trois temps : c'est ainsi que le $\frac{2}{4}$ et le $\frac{6}{8}$ se battent à deux temps, et le $\frac{3}{4}$ et le $\frac{3}{8}$ à trois temps.

39. Il y a en musique un signe qui réunit deux notes en un seul son, c'est la *liaison* ou *coulé*. Ex. . Ainsi placé, le coulé forme un son de la valeur de trois noires ; placé sur une noire et une croche : ex. , il donne un son de la durée de trois croches, etc.

40. On simplifie ce signe par un *point* placé après la note.

EXEMPLE :

41. Le point placé après la note *en augmente la valeur de la moitié*. Il en est de même quand on le place après un silence : il en augmente la durée de moitié.

42. Il y a encore un autre signe de prolongation appelé *point d'orgue*. Il est fait ainsi 𝄐. Placé au-dessus d'une note, il en prolonge la durée d'une manière indéterminée. Ainsi placé sur une 𝄐, l'exécutant peut lui donner à son gré la durée d'une ronde et même plus.

Maintenant on peut comprendre aisément l'exercice suivant :

43. On divise les temps en *temps forts* et en *temps faibles*. Par exemple, dans une mesure à quatre temps, le premier temps sera fort ; le se-

cond faible; le troisième plus fort que le second, mais moins que le premier; enfin le quatrième sera le plus faible de tous.

44. On appelle *syncope* la réunion d'un temps faible à un temps fort.

EXEMPLE :

On voit, par cet exemple, que la syncope qui existe à la fin d'une mesure et au commencement de l'autre se marque par une liaison.

La syncope peut se trouver sur toute espèce de figure de note.

EXEMPLE.

45. On appelle *triolet* un groupe de trois notes n'ayant que la valeur de deux et représentant toujours un temps de la mesure. On le marque ordinairement par un 3.

EXEMPLE :

46. Il y a aussi des six pour quatre, des douze pour huit, etc.

EXEMPLE :

CHAPITRE V.

Du Mouvement.

47. On appelle *mouvement*, en musique, le degré de lenteur ou de vitesse donné aux temps d'une mesure.

On concevra aisément qu'un chant religieux, par exemple, ne peut être exécuté dans le même mouvement qu'une chansonnette ou une contre-danse; de là le besoin d'indiquer, au commencement d'un morceau, le degré de lenteur ou de vitesse qui lui convient.

48. Les mouvements sont de trois sortes : *lents*, *modérés* et *vifs*. On a l'habitude d'indiquer les mouvements par des mots italiens.

49. Voici le nom des principaux mouvements, leur signification et la valeur approximative de chaque temps relativement à la durée.

Noms des mouvements.	Signification.	Valeur approx. de chaque temps
LARGO,	très lent,	une seconde 1/2.
Larghetto,	mouv. interm., plus vif que largo.	
ADAGIO,	lent,	une seconde.
Andantino,	un peu plus vif que l'adagio.	
ANDANTE,	modéré,	3/4 de seconde.
Moderato,	plus vif que l'andante.	
Allegretto,	moins vif qu'allegro.	
ALLEGRO,	mouvement rapide,	1/2 seconde.
PRESTO,	très rapide,	1/3 de seconde.
Prestissimo,	le plus rapide de tous.	

50. Nous allons maintenant donner une liste alphabétique des termes de musique les plus usités.

Ad libitum, à volonté.
Agitato, agité.
Alla marcia, mouv. de marche.
A piacere, à volonté.
Assai, beaucoup, très (*allegro assai*).
A tempo, reprendre le mouvement primitif.
Cantabile, mouvement lent.
Comodo, à l'aise.
Con moto, plus animé.
Grave, comme largo.
Graziozo, facile, gracieux.
Larghetto, plus vite que l'adagio.
Largo, le plus lent des mouvements.
Lento, lentement.
Maestoso, majestueusement.
Moderato, modérement.
Prestissimo, le plus rapide.
Presto, très prompt.
Risoluto, décidé.
Ritardendo, en retardant.
Tempestoso, agité.
Tempo di marcia, mouvement de marche.
Vivace, vivement.
Vivacissimo, avec la plus grande rapidité.

Nota. La plupart de ces mouvements se marquent par des abréviations dont l'intelligence est facile. Ainsi *ad libitum*, se met *ad lib.*; *agitato*, *agitat.*, etc.

51. Voici la liste de quelques termes italiens qui se rapportent plus spécialement à l'intonation. Ils se placent sous les notes dans le cours d'un morceau.

CRESCENDO, en augmentant.	*Cresc.*, ou *Cr.*
DECRESCENDO ou DIMINUENDO, en diminuant.	*Decresc.*, *dimin.*, ou *dim.*
DOLCE, doux.	*Dol.*
FORTE, fort.	*F.*
FORTISSIMO, très-fort.	*FF.*
PIANISSIMO, très-doux.	*PP.*
PIANO, doucement.	*P.*
PIZZICATO, pincer avec les doigts.	*Pizz.*
RINFORZANDO, renforcer la voix.	*Rinf.*
STACCATO, son détaché.	*Stac.*

52. Voici comment se marque encore le crescendo et le decrescendo.

cresc. *decresc.*

Un exemple va faire comprendre l'emploi des mouvements et des signes.

CHAPITRE VI.

De la Mélodie.

53. La *mélodie* est une succession de sons agréables, qui consiste alors dans l'emploi des gammes.

54. Nous avons vu que les sept tons *do*, *ré*, *mi*, *fa*, *sol*, *la*, *si*, constituaient les gammes, en y ajoutant pour complément le *do* qui vient immédiatement après.

Cette gamme est nommée naturelle.

Si toutes les gammes commençaient par *do*, il n'y en aurait qu'une seule espèce. Mais il n'en est pas ainsi. Elles peuvent commencer dans tous les tons, c'est-à-dire par *ré*, par *mi*, par *fa*, par *sol*, etc. Exemple :

55. Mais quel que soit le ton par lequel commencent toutes les gammes, elles reposent toutes sur un principe invariable, *qui est celui de contenir un demi-ton de la troisième à la quatrième note, et un autre de la septième à la huitième*. Ainsi donc, dans le premier exemple ci-dessus, le premier demi-ton se trouve entre la troisième et la quatrième note (de *mi* à *fa*), et le deuxième entre la septième et la huitième (de *si* à *do*), ce qui ne peut avoir lieu dans le second et dans le troisième exemple. Cependant comme aucune gamme ne peut exister sans ce principe admis, on a imaginé des signes qui modifient les notes; ce sont le *dièse*, qui se fait ainsi ♯, le *bémol* ♭, et le *bécarre* ♮.

56. Le *dièse*, placé avant une note, hausse cette note d'un demi-ton; le *bémol*, placé avant une note, la baisse d'un demi-ton; et le *bécarre* détruit l'effet du dièse et du bémol, c'est-à-dire remet la note dans son ton naturel.

On concevra maintenant comment il sera possible, par exemple, de former une gamme commençant par *ré*.

EXEMPLE :

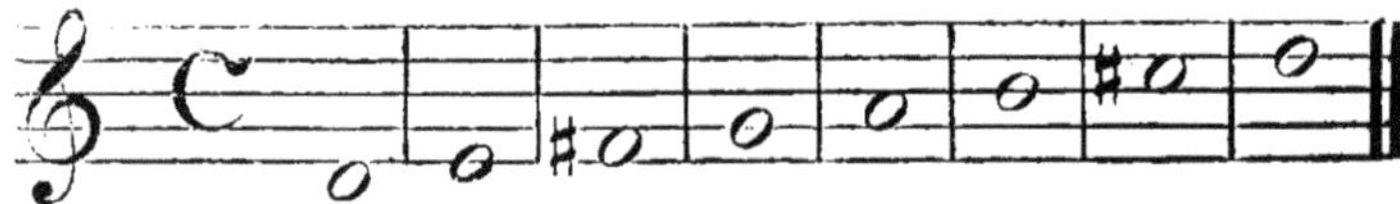

Dans cet exemple, il a fallu, pour obtenir un ton entier de la deuxième à la troisième note, mettre le dièse, qui hausse la note d'un demi-ton, devant le *fa*, puisque de la troisième à la quatrième note, il ne doit exister non plus qu'un demi-ton, ce qui ne pourrait avoir lieu sans l'emploi du dièse. La même exception se reproduit de la septième à la huitième note, c'est-à-dire du *do* au *ré*.

57. Pour ne pas placer les dièses dans le cours d'un morceau de musique à chaque note diésée, on les met seulement à la clef, de cette manière.

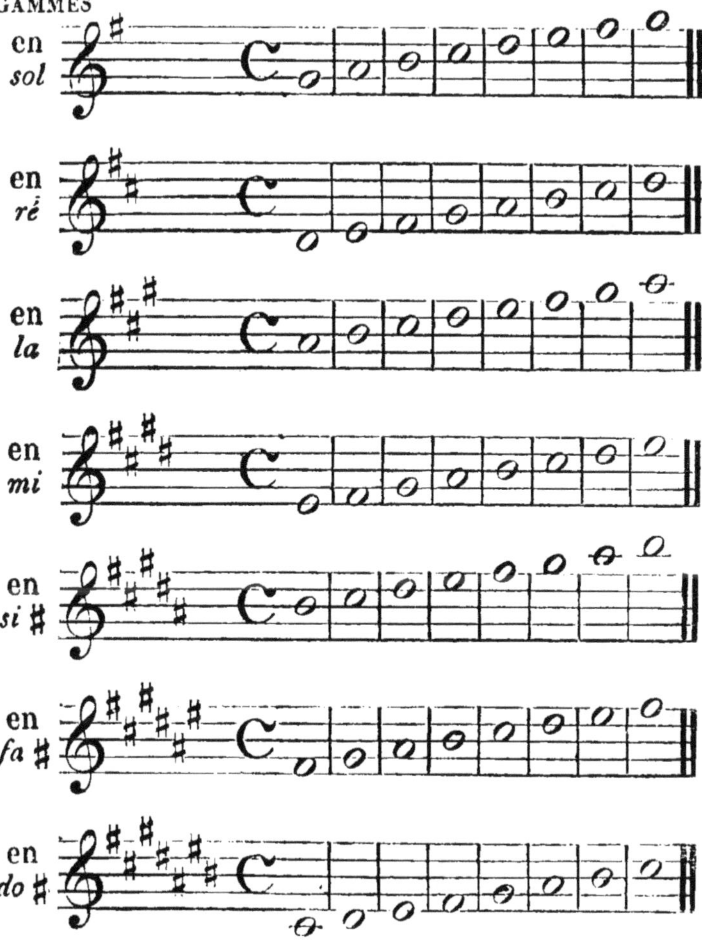

58. On voit, d'après ce qui précède, que les dièses se placent ainsi, *fa*, *do*, *sol*, *re*, *la*, *mi*, *si*, c'est-à-dire de cinq notes en cinq notes en montant. Voici un exemple résumant tous les dièses.

59. La note qui sert de point de départ à une gamme s'appelle *tonique*. Ainsi la tonique de la gamme en *sol* (avec un dièse) est *sol*, celle de la gamme en *ré* (avec deux dièses) est *ré*, etc. C'est par extension qu'on a dit également le ton de *ré*, de *mi*, pour désigner la gamme entière dont chacun de ces tons est la tonique. La cinquième note de la gamme s'appelle la *dominante*, et celle qui se trouve un demi-ton au-dessous de la tonique s'appelle *note sensible*. Ainsi, dans la gamme en *ut*, *sol* est la dominante, et *si* la note sensible.

60. De même que les dièses, les bémols se placent aussi à la clef.

EXEMPLES :

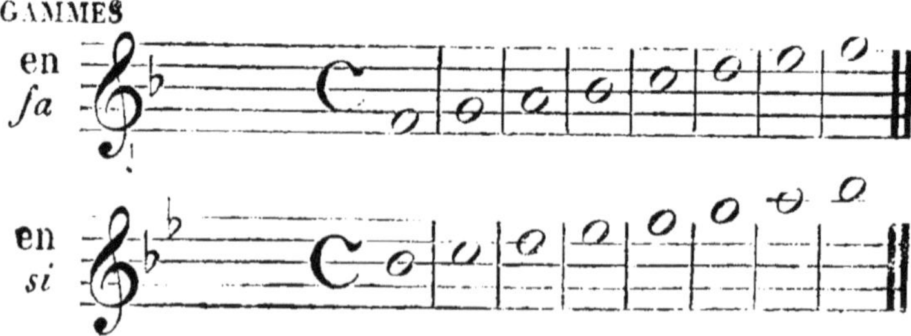

61. On voit, d'après ce qui précède, que les bémols se placent ainsi : *si*, *mi*, *la*, *ré*, *sol*, *do*, *fa*, c'est-à-dire de cinq notes en cinq notes en descendant.

Voici un exemple résumant tous les bémols.

62. Il y a aussi des doubles dièses et des doubles bémols. Leur effet est double des dièses ou bémols ordinaires, c'est-à-dire qu'ils augmentent ou qu'ils diminuent la note devant laquelle ils sont placés d'un ton entier.

Le double dièse se fait ainsi 𝄪, le double bémol, ♭♭.

CHAPITRE VII.

Des Modes

63. On appelle *modes* les deux différents caractères que peut posséder une gamme. On les distingue en *majeur* et en *mineur*.

64. Cette différence consiste dans le déplacement des demi-tons. Nous savons comment se forme la gamme majeure (*voy.* 54); et bien, en abaissant d'un demi-ton la troisième note de la gamme majeure, on obtient la gamme mineure.

EXEMPLE :

65. On voit par cet exemple que le demi-ton qui, dans la gamme majeure, se trouvait de la troisième à la quatrième note (de *mi* à *fa*), se trouve, dans la gamme mineure, entre la deuxième et la troisième note (de *ré* à *mi*), ce changement constitue la gamme mineure.

66. La gamme mineure qui se trouve être le plus en rapport avec une gamme majeure quelconque, est celle dont la tonique se trouve trois tons plus bas que dans cette dernière. D'après cela, la gamme mineure dont la tonique est trois tons plus bas que celle d'*ut majeur* est la gamme de *la mineur*. Chaque ton majeur possède un ton mineur qui lui est *relatif*, et il est toujours facile de reconnaître cette relation, en ce que le ton majeur et le ton mineur sont désignés à la clef par la même quantité de dièses ou de bémols. (Il faut excepter le ton d'*ut* majeur, qui n'a ni dièse, ni bémol à la clef; son relatif est par conséquent sans dièse ni bémol à la clef.)

Nous allons présenter le tableau de tous les tons majeurs avec leurs tons relatifs.

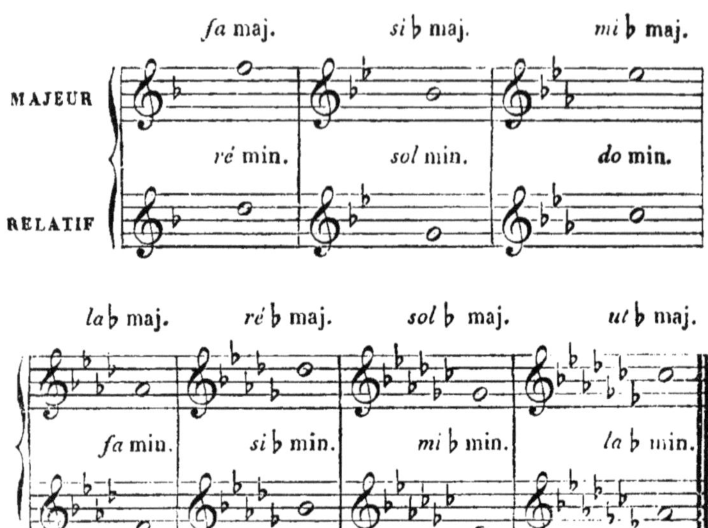

67. Il est facile de faire passer une gamme majeure en gamme mineure, ayant la même tonique pour base. Il suffit pour cela d'ajouter trois bémols ou d'effacer trois dièses.

EXEMPLES :

68. Dans cette règle, la supression d'un dièse ou l'addition d'un bémol a une conséquence exactement semblable ; c'est ainsi que, dans le deuxième exemple, n'ayant eu que deux dièses à la clef, nous les avons supprimés et nous avons ajouté un bémol pour former le mineur.

CHAPITRE VIII.

Des Ornements.

69. On appelle *ornements*, en musique, certains embellissements ajoutés à quelques notes dans le but de rehausser l'éclat d'une pièce de musique, afin de prévenir la monotonie qui pourrait résulter d'une trop grande simplicité.

70. Les anciens compositeurs se reposaient du soin des ornements du chant sur le goût de l'exécutant ; mais cette latitude fit qu'en très-peu de temps les auteurs ne reconnaissaient plus leurs propres ouvrages. Dès lors, ils régularisèrent l'emploi des ornements, qui ne furent plus abandonnés au caprice du chanteur.

71. Les ornements s'indiquent par de petites notes, appelées *notes d'agrément*, et par des *signes*.

72. Les ornements indiqués par des notes d'agrément, sont l'*appogiature*, le *port de voix*, le *groupe* (gruppetto) et les *fioritures*.

73. L'*appogiature* est une petite note placée de-

vant la note principale, un degré au-dessus ou au-dessous.

EXEMPLE :

Observation. Lorsque la note principale peut se diviser en deux parties égales, l'appogiature prend une moitié de sa valeur, comme dans l'exemple précédent.

Mais si la note principale peut se diviser en trois parties égales, l'appogiature en prend alors deux pour sa propre durée.

EXEMPLE :

74. Le *port de voix* est une note d'agrément placée ordinairement après la note principale.

75. Le *groupe* ou *gruppetto*, est la réunion de plusieurs petites notes (ordinairement trois) qui se coulent toujours avec la note placée à leur droite.

EXEMPLE :

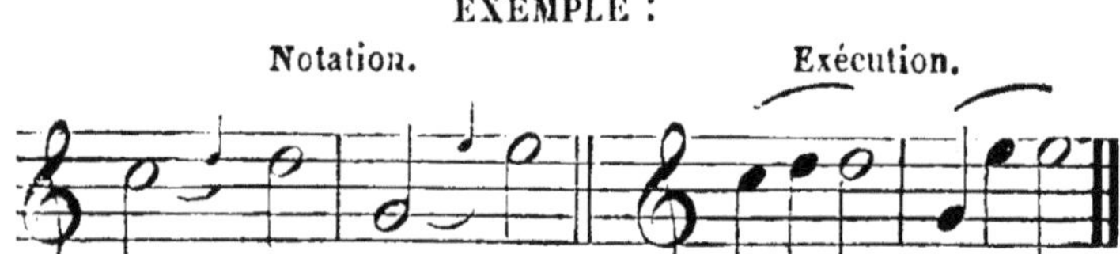

On le représente quelquefois par ce signe ∾.

EXEMPLE :

76. Les *fioritures* sont des ornements (ordinairement des fractions de gammes) que l'exécutant introduit à sa fantaisie, principalement après un point d'orgue. Si ces ornements sont écrits par le compositeur, ils sont représentés par de petites notes.

EXEMPLE :

77. Les fioritures n'ayant aucune valeur dans la mesure, s'exécutent *ad libitum*.

78. Les ornements représentés par des signes sont le *trille* et le *mordant*.

79. Le *trille*, autrefois *cadence*, est l'ornement le plus beau et heureusement le plus fréquemment employé de tous ; il indique le passage rapide et réitéré d'une note à la note supérieure. Il s'exprime par les deux lettres *tr* placées au-dessus de la note qui doit être trillée.

EXEMPLE :

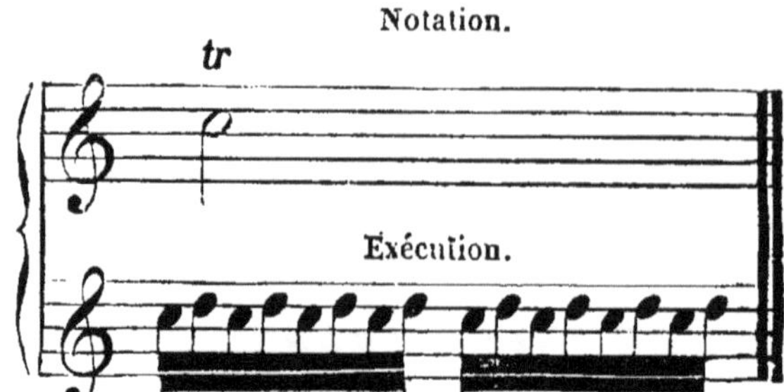

80. Le trille doit s'exécuter dans la durée exacte que représente la note sur laquelle il est placé. Pour que cet ornement soit parfait, il doit commencer par une ou deux notes auxiliaires et se terminer par un groupe.

EXEMPLE :

81. Le *mordant* est une espèce de groupe qui, tenant aussi de la nature du trille, peut être regardé comme un milieu entre le *trille* et le *groupe*. Il ne diffère du dernier que parce qu'il prend de la valeur de la note sur laquelle il se trouve, un peu plus

que ne le fait ordinairement le groupe. Il se marque ainsi (𝆗).

EXEMPLE :

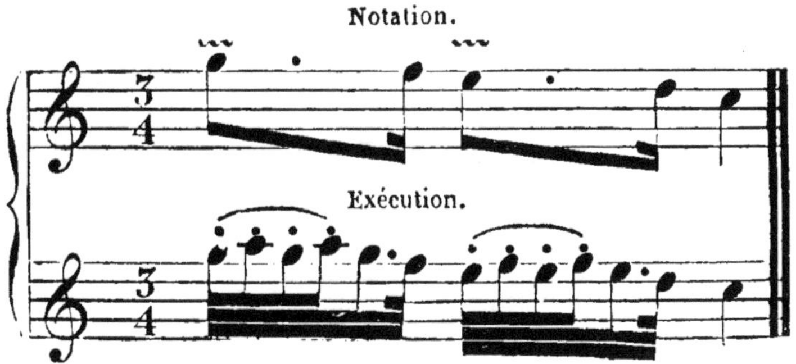

CHAPITRE IX.

Des Abréviations.

82. Les signes d'abréviation se composent de barres inclinées de droite à gauche, qui se placent sur une ronde, sur la queue d'une blanche, etc., et qui servent à abréger la notation.

83. D'après cela, la ronde avec une barre représente huit croches, avec deux barres seize doubles-croches, etc. On fait un calcul analogue pour les blanches et les noires.

EXEMPLE :

Le triolet et le six pour quatre s'abrégent aussi par une note barrée.

EXEMPLE :

On abrège ainsi des groupes de blanches, de croches, de doubles-croches, etc.

EXEMPLE :

84. On appelle *reprise* toute pièce de musique qui, sans être écrite deux fois, se répète deux fois par la présence de ce seul signe :‖

Notation.

Exécution.

85. On appelle *renvoi* un signe qui, placé à la fin d'une partie, indique que l'on doit retourner en arrière à son signe correspondant; il est fait ainsi 𝄋

EXEMPLE :

86. Enfin, le mot *Da capo* (par abréviation *D. C.*), placé à la fin de la seconde partie d'un morceau, indique, avertit l'exécutant de reprendre le même morceau depuis le commencement ou depuis le renvoi (s'il y en a un), et de continuer jusqu'à ce qu'il rencontre le mot *fin*.

HARMONIE.

CHAPITRE IER.

Influence du Conservatoire.

87. L'*harmonie* est le produit de plusieurs sons entendus ensemble et formant ce qu'on appelle *accords*.

EXEMPLE :

88. On voit d'après cet exemple qu'un accord ne peut avoir moins de deux sons, mais qu'il peut en avoir jusqu'à cinq.

89. Le Conservatoire de musique, établi en 1784 sous le nom d'*École de chant*, tira le monde musical de l'anarchie complète où les préjugés de la routine l'avaient placé. Alors on vit apparaître ces hommes de génie dont les travaux, consignés dans d'excellentes Méthodes pour tous les instruments, imprimèrent à l'art musical l'éclat dont il brille aujourd'hui en France. Mais si le chant, le violon, la flûte, etc., eurent un Laïs, un Baillot, un Devienne, etc., la

science de l'harmonie eut aussi un Rameau, un Cherubini, un Gossec, un Catel, etc., etc., et de nos jours il était réservé à MM. Fétis et Reicha (1) de régénérer l'art par leurs écrits lumineux.

CHAPITRE II.

Des Intervalles.

90. On appelle *intervalle*, en musique, la distance qui existe d'un ton à un autre ton. En effet, *ré*, par exemple, est plus élevé que *do*, et *mi* encore plus distant de *do* que *ré;* c'est cet éloignement plus ou moins grand existant entre deux tons qui constitue l'intervalle.

91. Il y a sept espèces d'intervalles, c'est-à-dire autant que de notes, savoir : l'intervalle de *seconde*, de *tierce*, de *quarte*, de *quinte*, de *sixte*, de *septième* et d'*octave*. Deux mêmes notes (soit deux *ré*, deux *mi*, etc.) n'offrant pas un degré *différent* d'élévation s'appellent *unisson*.

Voici un exemple qui représente les intervalles précités.

(1) Mort en 1836.

92. L'intervalle de *do* à *ré* s'appelle *seconde*, parce que *ré* est la seconde note après *do*; l'intervalle de *do* à *mi* est une *tierce*, parce que *mi* est la troisième note après *do*, etc.

93. De même que l'octave est le double de l'unisson, la neuvième est le double de la seconde, la dixième le double de la tierce, etc.

EXEMPLE :

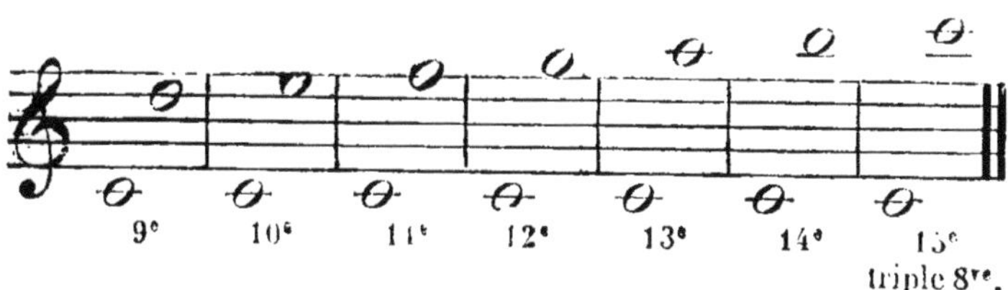

94. La gamme fournit sept secondes, six tierces, cinq quartes, quatre quintes, trois sixtes, deux septièmes et une octave.

EXEMPLE :

7 secondes.

6 tierces.

5 quartes.

4 quintes.

3 sixtes.

2 septièmes.

1 octave.

95. Tous les intervalles n'étant pas de grandeur égale, puisqu'ils subissent la grandeur différente des tons, on les a distingués en intervalles *majeurs* et en intervalles *mineurs*.

96. Les intervalles mineurs sont d'un demi-ton plus petits que les intervalles majeurs; d'après cela, il y a dans la gamme cinq secondes majeures et deux mineures.

EXEMPLE (1):

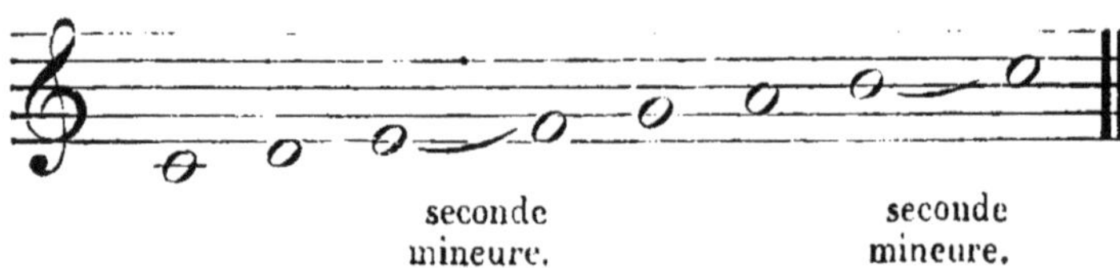

(1) Nous n'indiquerons en lettres que les intervalles mineurs.

97. La tierce majeure se compose de deux tons; celle mineure d'un ton et demi. La gamme produit trois tierces majeures et trois mineures.

EXEMPLE :

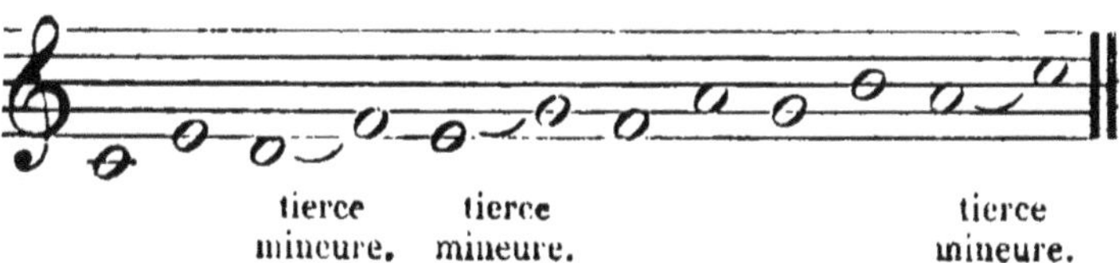

98. La quarte majeure se compose de trois tons; celle mineure de deux tons et demi. La gamme produit une quarte majeure et quatre mineures.

EXEMPLE :

99. L'intervalle de quinte majeure se compose de trois tons et demi; la gamme peut donner quatre quintes majeures et une mineure, en empruntant un demi-ton à un autre octave.

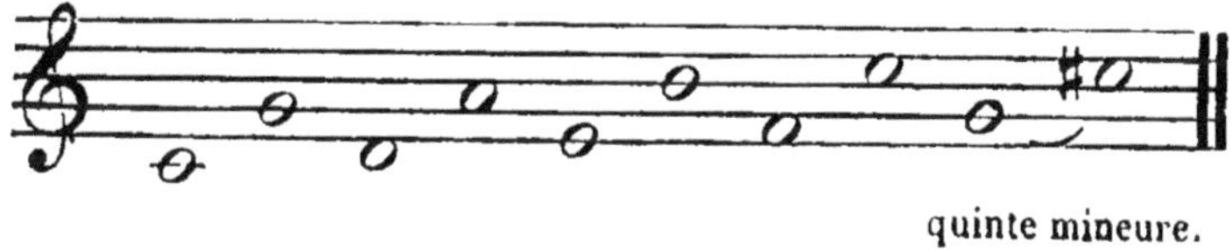

100. La sixte majeure se compose de quatre tons et d'un demi-ton; celle mineure, de trois tons et de

deux demi-tons. La gamme produit deux sixtes majeures et une mineure.

EXEMPLE :

101. L'intervalle de septième majeure se compose de cinq tons et d'un demi-ton. La gamme produit deux septièmes, une majeure et une mineure.

EXEMPLE :

102. Outre les intervalles majeurs et mineurs il y a des intervalles appelés *augmentés* et *diminués*, résultant de l'influence que les dièses, bémols ou bécarres exercent sur les intervalles. En effet, ces signes accidentels (1) peuvent les rendre plus grands, et alors on les appelle intervalles *augmentés;* ou plus petits, ce qui les fait appeler intervalles *diminués*. Enfin on les nomme intervalles *justes*, quand ils ne sont ni *augmentés*, ni *diminués*.

(1) Le dièse, le bémol et le bécarre s'appellent signes accidentels.

EXEMPLES :

103. On appelle *renversement* d'un intervalle le déplacement des deux tons qui le composent. Par exemple, deux *do* au même degré forment l'unisson, mais placez en un à l'aigu, vous aurez l'octave ; si l'on fait de même avec les deux notes, *do re*, qui

constituent une *seconde*, et que l'on transporte le *do* à l'octave supérieure, on obtiendra une septième, etc.

EXEMPLES :

Intervalles. Renversements.

104. L'unisson renversé devient l'octave. . . . .

unisson. octave.

La seconde devient la sept.

seconde. septième.

La tierce devient la sixte.

tierce. sixte.

La quarte devient la quinte.

quarte. quinte.

La quinte devient la quarte.

quinte. quarte.

La sixte devient la tierce.

sixte. tierce.

La sept. devient la seconde.

septième. seconde.

105. On divise encore les intervalles en *consonnants* et en *dissonnants*. En effet, dans l'exécution d'un morceau de musique à plusieurs parties, il y a des accords qui sont agréables à l'oreille, et d'autres qui, moins flatteurs, exigent le prompt retour d'un accord qui satisfasse le sens auditif. Les premiers sont appelés pour cette raison *consonnants* et les seconds *dissonnants*.

106. Les intervalles consonnants sont la tierce, la quarte, la quinte, la sixte et l'octave (1).

107. Les intervalles dissonnants (sujets de controverse parmi les compositeurs) sont la seconde et la septième.

CHAPITRE III.

Des Accords.

108. On forme les accords en réunissant les tons de divers intervalles.

EXEMPLE :

109. Les intervalles consonnants de la tonique,

(1) Il ne s'ensuit pas de là que ces cinq intervalles, entendus simultanément, doivent constituer un accord agréable ; car au contraire ils formeraient un ensemble insupportable, ayant besoin pour devenir consonnant d'un certain classement.

de la tierce et de la quinte réunis forment l'accord qui satisfait le plus l'oreille, et qui sert de base et de conclusion à toute idée musicale. On le nomme *accord parfait.*

110. Si l'on substitue un seul intervalle dissonnant à un intervalle consonnant, on rend l'accord dissonnant.

EXEMPLE :

Aussi l'emploi des accords dissonnants exige-t-il des précautions ; ils doivent être *préparés* et *résolus.*

EXEMPLE :

111. *Observation.* Lorsqu'on renverse les intervalles, on renverse aussi les accords.

EXEMPLES :

112. C'est à ces renversements que sont dues les ressources de l'harmonie sans en compliquer les éléments.

113. L'*accord parfait* peut être *mineur* ou *majeur*; il devient *mineur* lorsque la tierce mineure entre dans sa composition.

EXEMPLE :

114. Chaque accord et chaque renversement d'accord porte un nom qui tire son origine de l'intervalle qui le caractérise le plus; d'après cela, le premier renversement de l'*accord parfait* constitue l'*accord de sixte*, parce que la *basse* forme une sixte avec l'octave; le second renversement s'appelle *accord de quarte et de sixte.*

115. L'*accord de seconde* est celui qui est formé d'une seconde, d'une quarte et d'une sixte; c'est le premier intervalle qui le rend dissonnant.

EXEMPLE :

Ici s'arrêtent nos *éléments d'harmonie.* Il n'entre pas dans les limites de l'enseignement primaire élémentaire de pénétrer plus avant dans cette partie de la musique; en donner aux élèves le pressentiment est tout ce que nous voulons.

DU CHANT.

MUSIQUE VOCALE.

CHAPITRE Ier.

Du Solfége, de la Vocalisation, du Chant.

116. La *musique vocale* est celle qui est écrite pour les voix. Elle consiste à *solfier, vocaliser* et *chanter*.

117. *Solfier*, c'est chanter en nommant les notes.

EXEMPLE :

118. C'est pourquoi l'on appelle *Solfége* un recueil d'exercices destinés à faire solfier les élèves.

119. *Vocaliser*, c'est chanter au moyen d'exercices exécutés sur une seule voyelle, *a*, par exemple.

120. La vocalisation est un exercice des plus importants pour le chanteur. En effet, c'est la vocalisation qui nous met à même d'exécuter avec précision les passages rapides que l'on trouve dans beaucoup de compositions, ainsi que les coulés, les appogiatures, etc., etc.

121. Les exercices propres à vocaliser s'appellent *Vocalistes*.

122. *Chanter*, c'est prononcer des paroles sur les sons musicaux.

EXEMPLE :

(*Calife de Bagdad*, BOIELDIEU.)

123. L'exercice du chant, lorsqu'il est modéré, est des plus utiles, puisqu'il développe avantageusement le jeu des poumons, et des plus agréables pour la société par les plaisirs qu'il lui procure.

D'après l'avis des savants praticiens, tous les âges ne sont pas propres à l'étude du chant ; le meilleur, en effet, est celui de l'enfance ; car, dans l'âge mûr, les vaisseaux organiques ayant atteint toute leur force, on peut éprouver des difficultés pour assouplir ces organes aux sons élevés, et c'est ce qui a déterminé les Allemands à enseigner la musique dans leurs écoles.

L'illustre B. Wilheim a fait marcher la France sur les traces de l'Allemagne, et cette impulsion a contribué puissamment à développer le goût du chant, qui par la suite fera dans notre beau pays de rapides progrès.

EXERCICES.

Nota. Les élèves feront bien attention à l'espèce de mesure, à la figure des notes, et chanteront sans aucune espèce de contorsion.

GAMMES NATURELLES EN *ut* MAJEUR.

à 4 temps.

Gamme de rondes et de blanches.

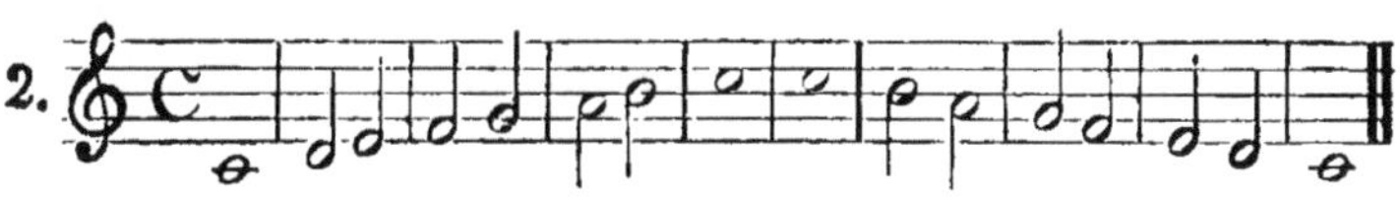

Gamme par rondes, blanches et noires.

Gamme avec un silence au milieu.

Gamme avec silences.

Gamme avec silences.

6. 

EXERCICES

Par secondes.

7. 

Par tierces.

8. 

Par quartes.

Par sixtes.

Par septièmes.

Par octaves.

EXERCICES

SUR L'ACCORD PARFAIT.

(On a ajouté l'octave comme répétition de la tonique.)

EXERCICES DE VOCALISATION.

GAMME NATURELLE.

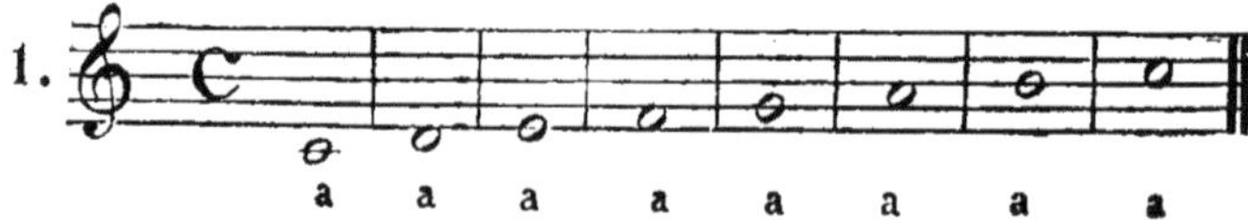

Secondes.
2.
a a a a a a
Tierces.
3.
a a a a a a
Quartes.
4.
a a a a

Quintes.

Sixtes.

Septièmes.

Octaves.

Neuvièmes.

Dixièmes.

GAMME PAR DEMI-TONS AVEC DES DIÈSES.

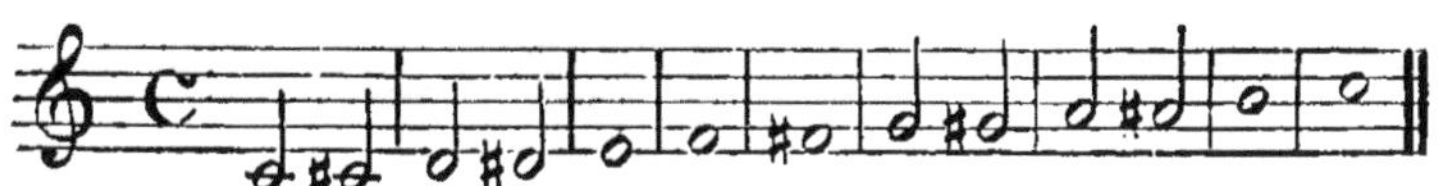

GAMME PAR DEMI-TONS AVEC BÉMOLS.

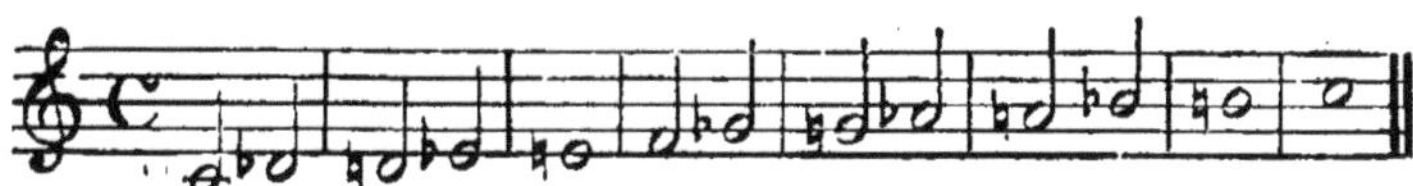

Pour les gammes dans tous les tons, voyez pages 27 et suivantes. Nous allons maintenant donner des exercices sur les différentes mesures.

A 2 temps (en *ré* majeur.)

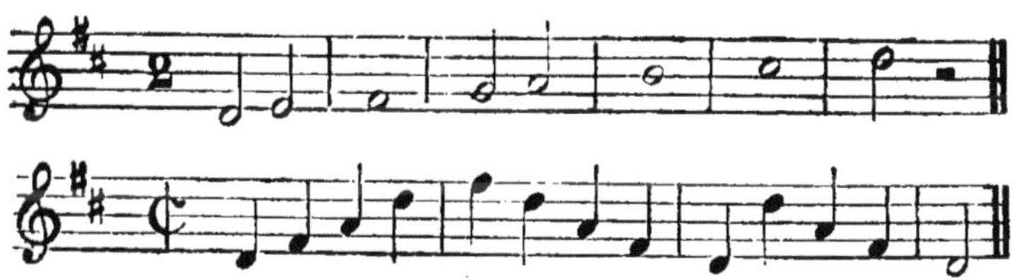

A 3 temps (en *sol* majeur.)

A $\frac{3}{4}$ (en *la* majeur.)

A $\frac{3}{8}$ (en *fa* majeur.)

A $\frac{6}{8}$ (en *si* ♭ majeur.

CHAPITRE II.

De la Transposition.

124. La *transposition* est l'art d'exécuter ou de noter un morceau de musique dans un autre ton que celui où il a été écrit.

Cet exercice offre quelques difficultés et exige beaucoup de pratique. Supposons, par exemple, que le morceau suivant de l'opéra de *la Dame blanche* soit en *fa* majeur, ainsi qu'il suit :

et que, trouvant la note trop haut, on désire la baisser d'un ou deux tons; pour ce travail, il faudra l'écrire en *mi* bémol majeur ou en *ré* majeur, ainsi qu'il suit :

On comprend maintenant le principe de la *transposition*, et l'on peut voir que la pratique seule peut faire parvenir à exécuter un morceau dans un autre ton que celui où il se trouve.

Un mot sur l'histoire de la Musique en France.

Grégoire de Tours, dont les ouvrages sont si précieux pour la connaissance des premiers rois Mérovingiens, nous assure que les Gaulois connaissaient la musique fort anciennement, et que *Bardus*, leur cinquième roi, établit dans la Gaule des écoles publiques de chant dont les chefs s'appelaient *bardes*. On sait, du reste, que Pharamond fut proclamé roi en 418, en présence de son armée, au son de tous les instruments militaires. Après la bataille de Tolbiac, Clovis alla se faire baptiser à Reims, où une brillante musique l'accompagnait. Mais, malgré les écoles de musique (plain-chant) de Charlemagne, les sociétés d'artistes nommés *trouvères*, *troubadours*, *ménestrels*, etc., la musique fit peu de progrès jusqu'à *Gui d'Arezzo*, qui lui donna une nouvelle impulsion. Cet habile musicien découvrit à force de méditation que, en gardant certaines proportions, on pouvait faire chanter ensemble plusieurs voix différentes et en former une harmonie qui fût agréable à l'oreille. Après Gui d'Arezzo le génie de la musique fut éteint en France jusqu'à François Ier, qui le ralluma. Avec

Catherine de Médicis, une foule de musiciens italiens arrivèrent à Paris, et c'est peut-être à eux qu'on dut le rétablissement de cet art divin. Sous Charles IX, Jean-Antoine de Baïf établit une académie de musique dans sa propre maison. En 1585, on introduisit une musique dans plusieurs églises de Paris, et Louis XIII, qui aimait beaucoup le violon, fit expédier un brevet de *roi des violons* au célèbre *Du Manoir*.

Mais c'est au règne de Louis XIV que cet art fut régénéré par le célèbre *Lully*, appelé d'Italie par le cardinal Mazarin. Après Lully, ou du moins entre lui et *Rameau*, se montrèrent les compositeurs *Campra*, *Destouches*, *Mouret*, *Bernier*, *Montéclair*, *Batistin*, etc. Mais RAMEAU parut, et les effaça tous; vingt opéras qu'il donna de suite confondirent tous ses rivaux.

Le XVIIIe siècle vit aussi paraître *Rousseau*, *Pergolèse*, *Cafarelli*, *Gluck*, *Piccini* (toute la France musicale se partagea en gluckistes et en piccinistes), *Sacchini*, *Méhul*, *Cherubini et Boïeldieu.*

La révolution française donna naissance à des hymnes patriotiques qui rappelaient ces fameux chants si vantés chez les Grecs. Le célèbre *Rouget de l'Isle*, alors officier du génie, composa un chant de guerre qui, popularisé à Paris par les députés marseillais, prit le nom de *Marseillaise.*

En 1808, le Conservatoire de musique, établi, en 1784, sous le nom d'Ecole de chant, comprit deux écoles spéciales : l'une de *musique*, l'autre de *déclamation*. On sait que cet établissement a puissamment contribué aux progrès de la science musicale en France.

Aux temps de fureurs politiques succédèrent de plus heureux jours, et il semble que la musique se ressentit de cette réaction dans *le Prisonnier*, de *Della Maria* (1798), compositeur français ; le célèbre *Boïeldieu* donna peu de temps après *le Calife de Bagdad*, *ma Tante Aurore*, *Jean de Paris*, *le Nouveau Seigneur*, *la Dame Blanche*, etc. Enfin *Catel*, *Spontini*, *Rossini*, *Auber*, *Halévy*, *Meyerbeer* et *Donizetti* complètent la liste des célébrités de nos jours.

Quant à la musique lyrique, elle se résume aujourd'hui dans *Meyerbeer*, *Auber*, *Halévy*, *Adam*, *Clapisson*, *Boïeldieu* fils, *Monpou*, *Berlioz*, *Garaudé*, etc.; la musique instrumentale dans *Habeneck*, *Adam* père, *Zimmermann*, *Bertini*, *Herz*, *Wolff*, *Bériot*, *Vieuxtemps*, *Tulou*, *mesdames Pleyel*, *Juppin*, etc. Les romances les plus en renom sont dues à la plume de *Panseron*, *Labarre*, *Romagnesi*, *Bérat*, *mademoiselle Puget*; les valses et quadrilles en vogue à *Strauss*, *Musard*, *Tolbecque*, *Bosisio*, *Desblin*, etc.; enfin les chanteurs ou cantatrices les plus célèbres sont *Duprez*, *Levasseur*, *Chollet*, *Masset*, *Baroilhet*, et *mesdames Damoreau*, *Gras-Dorus*, *Stoltz*, etc.

FIN.

TABLE DES MATIÈRES.

CHAPITRE Ier.

CHAPITRE II.

CHAPITRE III.

CHAPITRE IV.

CHAPITRE V.

CHAPITRE VI.

CHAPITRE VII.

CHAPITRE VIII.

CHAPITRE IX.

DE L'HARMONIE.

CHAPITRE Ier.

CHAPITRE II.

CHAPITRE III.

DU CHANT.

CHAPITRE Ier.

CHAPITRE II.

OUVRAGES DU MÊME AUTEUR.

Manuel complet et méthodique d'enseignement primaire élémentaire, contenant les réponses à toutes les questions qu'on peut faire dans cet enseignement sur la Grammaire française, l'Arithmétique, le Système métrique, la Géométrie, le Dessin linéaire, la Cosmographie, la Géographie, l'Histoire en général, l'Histoire Sainte, l'Instruction morale et religieuse, l'Histoire de France et la Musique, 1 fort volume grand in-18, avec planches. Ouvrage entièrement neuf, précédé d'un COUP D'ŒIL PHILOSOPHIQUE sur l'Enseignement primaire en France . . . . 7 f 50 c.

Plusieurs parties de ce Manuel ont été approuvées par des hommes spéciaux.

Questionnaire général du Manuel, à l'usage des Élèves, grand in-18 . . . . 75 c.

Vocabulaire des noms composés de la langue Française, avec le pluriel, grand in-18, 3e édition. . . . . 1 f.

Traité des majuscules . . . . 30 c.

Le cabinet secret du Dictionnaire de l'Académie . 50 c.

Leçons primaires de géométrie appliquée à l'étude du

Dessin linéaire, revues par M. Sarazin, contenant la définition exacte des lignes, des angles, des polygones, des solides; l'évaluation des superficies, le volume des corps, le tracé des moulures, etc., avec problèmes et planches gravées, cart. . . . . 60 c.

Complément des leçons primaires de Géométrie, contenant le tracé géométrique de toutes les figures, des solides, avec propositions, etc., planches gravées. . . . . . 75 c.